山东省村内道路硬化技术指南

主编单位　山东省交通科学研究院

人民交通出版社股份有限公司
北　京

图书在版编目(CIP)数据

山东省村内道路硬化技术指南／山东省交通科学研究院主编． — 北京：人民交通出版社股份有限公司，2022.9

ISBN 978-7-114-18149-8

Ⅰ.①山… Ⅱ.①山… Ⅲ.①农村道路—道路工程—山东—指南 Ⅳ.①U415-62

中国版本图书馆 CIP 数据核字(2022)第 151407 号

Shandong Sheng Cun Nei Daolu Yinghua Jishu Zhinan

书　　名：	山东省村内道路硬化技术指南
著 作 者：	山东省交通科学研究院
责任编辑：	王景景　李　瑞
责任校对：	赵媛媛　龙　雪
责任印制：	刘高彤
出版发行：	人民交通出版社股份有限公司
地　　址：	(100011)北京市朝阳区安定门外外馆斜街 3 号
网　　址：	http://www.ccpcl.com.cn
销售电话：	(010)59757973
总 经 销：	人民交通出版社股份有限公司发行部
经　　销：	各地新华书店
印　　刷：	北京市密东印刷有限公司
开　　本：	880×1230　1/16
印　　张：	3.5
字　　数：	81 千
版　　次：	2022 年 9 月　第 1 版
印　　次：	2022 年 9 月　第 1 次印刷
书　　号：	ISBN 978-7-114-18149-8
定　　价：	40.00 元

(有印刷、装订质量问题的图书,由本公司负责调换)

前 言

为坚决贯彻落实习近平总书记"交通建设项目尽量向进村入户倾斜"的重要指示精神,适应山东省村内道路建设发展的需要,提高路面设计水平和工程质量,简化路面设计程序,在总结山东省村内道路建设实践经验、参考国内外有关标准的基础上,根据山东省村内道路路面使用性能调查、室内外试验,结合交通量、沿线人口密度、当地经济情况、自然和社会环境、各地筑路材料和建设资金状况等实际情况,由山东省交通科学研究院编制了本指南,为促进山东省村内道路建设可持续发展提供技术指导。在具体实施时,除依据本指南外,还应根据各地区的实际情况灵活运用。

本指南由山东省交通运输厅负责管理,由山东省交通科学研究院负责具体技术内容的解释。

若执行过程中对本指南有任何意见及建议,请函告或寄送至山东省交通科学研究院《山东省村内道路硬化技术指南》编制管理组(地址:济南市历城区港西路1877号,邮编:250100),以便今后修订时参考。

主 编 单 位:山东省交通科学研究院
主要起草人:王　林　马士杰　韦金城　樊　亮　苏春华　牛　磊　司青山
　　　　　　梁　皓　李金娜　韩文扬　张晓萌　王光勇　孙兆云　董　昭
　　　　　　吴文娟　陈婷婷　赵海生　徐书东　张　博　孙　强　闫翔鹏
主要审查人员:高立平　张玉宏　杨永顺　周玉波　王　曦　刘振华　贾　强
　　　　　　梅立何　陈为江　于本领　陈洪星　丁奎光　王树河　王晓湛
　　　　　　贾敬程

目 录

1 总则 ·· 1
2 术语 ·· 2
3 路基、垫层及基层 ·· 3
   3.1 一般要求 ·· 3
   3.2 路基 ··· 3
   3.3 垫层及基层 ··· 6
4 路面 ·· 8
   4.1 一般规定 ·· 8
   4.2 结构类型 ·· 9
   4.3 施工工艺 ·· 9
5 附属设施 ·· 27
   5.1 排水设施 ·· 27
   5.2 绿化设施 ·· 28
   5.3 警示装置 ·· 28
6 养护与修补 ·· 30
   6.1 一般规定 ·· 30
   6.2 日常养护 ·· 30
   6.3 养护工程 ·· 31
   6.4 路基养护与修补 ··· 31
   6.5 路面养护与修补 ··· 33
附录 A 村内道路硬化工程自然区域划分 ··· 45
附录 B 日常巡查/养护记录表 ·· 48

1 总则

1.0.1 为指导服务山东省全省"户户通"村内道路硬化工程,总结经验,确保实施效果,根据有关技术规范、标准,结合山东省全省村内道路建设实际,按照经济适用、因地制宜的原则,编制本技术指南。

1.0.2 本指南适用于行政村生活区范围以内、农村公路路网以外的村内干道及巷道(入户道路),主要解决此类道路不平整、晴天扬尘、雨天泥泞等问题;农村公路路网范围以内的村内主干道按照现行《乡村道路工程技术规范》(GB/T 51224)及《小交通量农村公路工程技术标准》(JTG 2111)执行。

1.0.3 村内道路硬化工作应遵循以下原则:
(1)满足功能,技术适用。应根据出行使用要求及气候、水文、地质等自然条件,遵循方便施工、利于养护、节约投资的原则。
(2)因地制宜,经济合理。结合地域特点、经济条件、地产资源和当地经验,就地取材,保护、节约和合理利用能源资源。
(3)生态环保,协调发展。重视环境保护,与当地扶贫开发,山、水、林、田综合治理,小城镇建设等相结合,坚持可持续发展战略。
(4)文化传承,彰显特色。注重保护历史文化遗产,鼓励采用地域元素进行道路硬化,促进道路形态与自然环境相得益彰。

1.0.4 以村庄整体发展规划为基础,结合县域及乡镇道路交通规划的统一部署,与城乡一体化发展战略和乡村振兴战略相结合。

1.0.5 按照"谁使用、谁养护"的原则,由村内道路权属单位统一负责村内道路建设、管理和养护工作。

2　术语

2.0.1　主干道　main road
将村庄内各条道路与村庄入口连接起来的农村公路路网以外道路,以交通功能为主。

2.0.2　干道　subsidiary road
村庄内集中居住各区域与村主干道的连接道路,以集散功能为主。

2.0.3　巷道　roadway
又叫入户道路,是指连接村民住宅与村庄主干道、干道的道路。

3 路基、垫层及基层

3.1 一般要求

3.1.1 应结合村庄区域特点,因地制宜,适应地形,贴近自然,贯彻"循环再利用、少拆迁、保护居住环境"的原则,合理选用平纵面指标,有条件的地区合理设置纵坡。

3.1.2 应结合当地自然条件,充分利用既有道路基础设施,节约资源,降低工程造价。

3.1.3 根据规划及需求,路基的标准横断面应由车道、路肩等部分组成,条件允许的村庄,可在车道单侧或双侧设置人行道等。

3.1.4 路基应结合沿线自然环境、水文和地质等条件,按现行《小交通量农村公路工程设计规范》(JTG/T 3311)要求进行设计,保证路基的强度、稳定性、耐久性。

3.2 路基

3.2.1 主干道道路横断面可结合村庄现状、排水等因素因地制宜采用多种形式,本指南提出几种可借鉴的横断面形式(表3-1),典型实例图见图3-1~图3-4,各地可自由选择或自主创新。

表3-1 几种不同横坡设置形式的路基横断面

路基横断面形式	适用范围
(图示:路基宽度L,设计中心线,双向i%横坡,两侧边沟)	宜用于路基宽度不小于3m的干道路面,道路两侧设有边沟(宜采用矩形或梯形边沟),由道路中间向两侧排水至边沟,如图3-1所示

续上表

路基横断面形式	适用范围
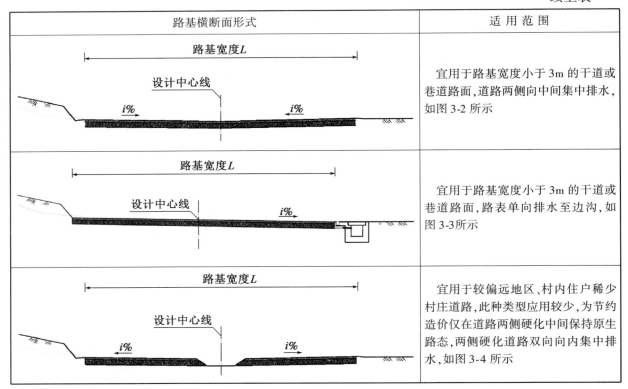	宜用于路基宽度小于3m的干道或巷道路面,道路两侧向中间集中排水,如图3-2所示
	宜用于路基宽度小于3m的干道或巷道路面,路表单向排水至边沟,如图3-3所示
	宜用于较偏远地区、村内住户稀少村庄道路,此种类型应用较少,为节约造价仅在道路两侧硬化中间保持原生路态,两侧硬化道路双向向内集中排水,如图3-4所示

图 3-1　道路两侧排水案例

图 3-2　道路中间排水案例

图 3-3 道路单向排水案例

图 3-4 两侧硬化道路向内排水案例

3.2.2 干道路基设计、建设可参照与其相连的主干道技术标准或四级及等外公路技术标准,具备条件的地方可参照现行《公路路基设计规范》(JTG D30)进行系统设计。

3.2.3 巷道路基必须整体稳定、平整密实,无松散、无坑槽、无翻浆,排水顺畅。

3.2.4 路基高度应符合下列要求:
(1)村庄道路高程应低于两侧宅基地场院高程,并结合各类工程管线设计要求统筹考虑。
(2)路基高度应满足出行和排水要求,同时考虑地下水、毛细水和冰冻的作用,避免影响路基的强度和稳定性。

3.2.5 新建路基应就地取材,可采用土、山皮土、风化料或砂砾土等合格材料填筑,严禁使用生活垃圾、腐殖土,不得混有草皮、树根和超大粒径石块,确保填筑材料均匀。

3.2.6 在原有土路上施工时,应将路基范围内土层表面 10～30cm 厚度范围内的杂草、废弃物及腐殖土等清理,原有道路存在缺陷或隐患应予以处理,不良地质路段应经处理合格后方能铺筑路面;整理后的路基表面应平整、密实,并整成单面或双面坡状。

3.3 垫层及基层

3.3.1 交通流较大或土质条件较差的村庄干道需设置垫层或基层的,要求垫层或基层有足够的强度和稳定性,可选择石灰土、水泥土、砂砾(碎石)或水泥稳定砂砾(碎石)等作垫层或基层,并经机械压实或人工夯实。

3.3.2 各地可因地制宜选择基层和底基层材料,推荐就地取材,并利用废旧路面、建筑废弃物或各类固化土。基层和底基层材料可参照表3-2选择。

表3-2 基层和底基层材料

类 型	材 料	厚度(cm)
无机结合料稳定类	石灰稳定细粒土	12~20
	水泥稳定细粒土	
	石灰粉煤灰稳定细粒土	
	水泥粉煤灰稳定细粒土	
	水泥稳定碎石或砾石	
	石灰粉煤灰稳定碎石或砾石	
	水泥粉煤灰稳定碎石或砾石	
粒料类	级配碎石或砂砾	12~20
	填隙碎石	10~12
	泥结或泥灰结碎石	10~15
废旧路面再生类	再生沥青混合料	6~16
	再生无机结合料稳定材料	12~22
其他类	固化剂稳定细粒土	12~20

3.3.3 常用的基层、底基层材料厚度见表3-2。

3.3.4 常用基层及垫层形式见表3-3,施工中可根据具体情况进行适当调整。

表3-3 常用基层及垫层形式

常用形式	推荐比例	备 注
水泥稳定碎石基层	水泥剂量可采用3.0%(集料公称粒径宜为26.5mm或31.5mm); 水泥:级配碎石=3.0%:100%。 水泥稳定土基层水泥剂量可采用4.0%	压实度宜达到85%以上
水泥粉煤灰稳定类基层	水泥剂量宜为3%~6%,水泥粉煤灰与集料的质量比宜为(13~17):(83~87)。 水泥粉煤灰稳定碎石的配合比宜采用水泥:粉煤灰:碎石=4:8:88。 水泥粉煤灰稳定土的配合比宜采用水泥:粉煤灰:砂土=5:12:83	

续上表

常用形式	推荐比例	备注
石灰粉煤灰稳定粒料基层	集料公称最大粒径宜为 26.5mm。小于 0.075mm 的细粒含量不得大于 7%；小于 4.75mm 的颗粒含量不宜大于 52%。 石灰粉煤灰稳定碎石的配合比宜采用石灰：粉煤灰：碎石 = 6：14：80 或 8：12：80。 石灰粉煤灰稳定土的配合比宜采用石灰：粉煤灰：碎石 = 12：35：53 或 10：30：60	7d 无侧限饱水抗压强度不宜小于 0.5MPa，压实度宜达到 85%以上
三合土基层	泥土、熟石灰和砂，实际配合比视情况而定，采用石灰、碎砖或碎石和砂拌和而成三合土。石灰为消石灰，碎砖或碎石粒径不应大于 60mm，并不得含有有机杂质。常用比例有：三合土（石灰：天然砂：碎石）1：2：4 或 1：3：6 或 1：4：8；碎石三合土（天然砂）、卵石三合土（天然砂）、碎砖（特细砂）三合土垫层比例同上	石灰宜满足三级灰要求
级配碎石垫层	针对选用未筛分的碎石、砂砾、石渣较多的情况，采用粒径不同的矿渣、砂砾石、石渣、风化砂岩进行级配调整，粒径较大的掺入一定比例的砂，找平后碾压。碾压后要求平整、坚实、无空隙	压实度宜达到 80%以上
砂砾垫层	材料选用中粗砂，砂砾材料中通过 0.075mm 筛孔的细粒含量不宜大于 5%	

4 路面

4.1 一般规定

4.1.1 应综合考虑当地地材、经济、养护、环境等因素,以"因地制宜、就地取材、便于养护"为原则,合理选用路面结构形式,宜选用沥青路面或水泥混凝土路面结构形式。

4.1.2 路面应具备足够的强度、稳定性和耐久性,面层应满足平整度要求,路面横坡宜在2%~4%之间选取。

4.1.3 路面常用材料见表4-1。各地可根据实际情况自行选择使用。

表4-1 路面常用材料

路面类型	路面常用材料	路面类型	路面常用材料
水泥混凝土路面	水泥混凝土	沥青表面处治类	纤维封层
沥青混合料类	沥青混凝土		复合封层
砂石类	泥(灰)结碎石	块体类	整齐块石
	级配碎石		半整齐块石
	级配砂砾		不整齐块石
沥青表面处治类	贯入式沥青碎石		砖块
	碎石封层		预制混凝土块
	稀浆封层	建筑废弃物路面	建筑废弃物
	微表处		

4.1.4 常用路面结构厚度及其适用范围见表4-2。各地可根据实际情况结合附录A自行选用。

表4-2 常用路面结构厚度及其适用范围

路面类型	推荐厚度(mm)	适用范围
沥青混凝土路面	30~80	主干道、干道为主,经济条件较好的地区
水泥混凝土路面	80~150	

续上表

路面类型	推荐厚度(mm)	适用范围
沥青表面处治路面	层铺法10~30；人工拌和法20~40	干道、巷道为主，经济条件一般或较差的地区
沥青贯入式碎石路面	40~80	
整齐块石路面	≥120	
半整齐块石(弹石)路面	≥120	
不整齐块石路面	≥120	
砖块路面	≥120	
水泥预制块路面	≥100	
泥(灰)结碎石路面	100~150	
级配碎石、级配砂砾路面	150~200	
建筑废弃物路面	150~200	

4.2 结构类型

4.2.1 主干道路面形式可参照现行《小交通量农村公路工程技术标准》(JTG 2111)执行，主要以水泥混凝土路面和沥青路面为主。

4.2.2 干道路面承担了一定的交通量，推荐沥青路面和水泥混凝土路面作为主要路面形式。

4.2.3 巷道路面以行人、摩托车、农用三轮车、手扶拖拉机和自行车为主，主要满足居民出行需求，是村内道路硬化的重点，推荐采用水泥路面、块石路面、砖块路面、泥结碎石路面、建筑废弃物路面等硬化形式，以实现路面平整、晴天不扬尘、雨天不起泥的目的。

4.3 施工工艺

4.3.1 沥青路面

沥青路面按照其技术特性可分为沥青混凝土路面、沥青表面处治路面、沥青贯入式路面等类型。当用于农村"户户通"建设时，应根据道路交通量和当地经济发展水平选用。

4.3.1.1 沥青混凝土路面
（1）适用范围

沥青混凝土路面适用于经济条件较好的地区，以主干道或干道路面为主，其施工工艺可参照现行《公路沥青路面施工技术规范》(JTG F40)执行，典型沥青混凝土路面如图4-1所示。

图 4-1　典型沥青混凝土路面

（2）材料要求

沥青混凝土路面使用的各种材料要求参照现行《公路沥青路面施工技术规范》（JTG F40）执行。

（3）施工工艺

典型沥青混凝土路面施工工艺流程如图 4-2 所示。

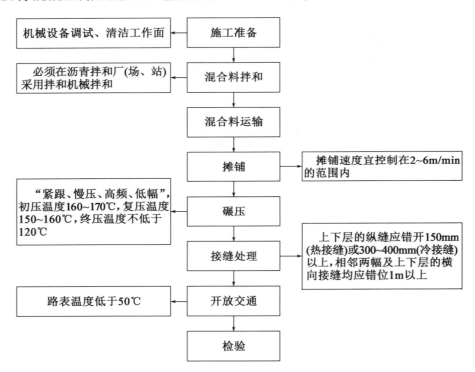

图 4-2　典型沥青混凝土路面施工工艺流程

（4）施工关键点

①沥青混合料必须在沥青拌和厂（场、站）采用拌和机械拌制。沥青混合料拌和时间根据具体情况经试拌确定，以达到沥青均匀裹覆集料的目的。

②热拌沥青混合料应采用沥青摊铺机摊铺，摊铺机的受料斗应涂刷薄层隔离剂或防黏结剂。摊铺机开工前应提前 0.5~1h 预热熨平板不低于 100℃。熨平板加宽连接应仔

细调节至摊铺的混合料没有明显的离析痕迹。摊铺机必须缓慢、均匀、连续不间断地摊铺,不得随意变换速度或中途停顿,以提高平整度,减少混合料的离析。摊铺速度宜控制在2～6m/min的范围内。

③压实成型的沥青混凝土路面应符合压实度及平整度的要求。沥青混凝土的压实层最大厚度不宜大于100mm,沥青稳定碎石混合料的压实层厚度不宜大于120mm。推荐采用钢轮式压路机或轮胎压路机,可以紧跟摊铺机碾压,初压温度为160～170℃,复压温度为150～160℃,终压温度不低于120℃,紧跟、慢压、高频、低幅,以达到最佳碾压效果。宜从路外侧向中心碾压,在超高路段则由低向高碾压,在坡道上应从低处向高处碾压。

④沥青路面施工时必须接缝紧密、连接平顺,不得产生明显的接缝离析。上下层的纵缝应错开150mm(热接缝)或300～400mm(冷接缝)以上。相邻两幅及上下层的横向接缝均应错位1m以上,确保平整度符合要求。

⑤热拌沥青混凝土路面应待摊铺层完全自然冷却,开放交通路表温度不高于50℃。

⑥质量检验推荐参照现行《公路沥青路面施工技术规范》(JTG F40)执行。

4.3.1.2 沥青表面处治路面
(1)适用范围

沥青表面处治路面宜采用两层及以上层铺法,宜采用轮胎压路机碾压。沥青表面处治路面中的胶结料可采用热沥青或乳化沥青,技术要求宜满足现行《公路沥青路面施工技术规范》(JTG F40)中相关规定。降雨量丰富的地区,基层应采用水稳性较好的石灰工业废渣稳定碎(砾)石或水泥稳定碎(砾)石。沥青表面处治路面如图4-3所示。

图4-3 沥青表面处治路面

(2)施工工艺

沥青表面处治路面施工工艺流程如图4-4所示。

(3)施工关键点

①沥青表面处治路面应在温度高于15℃的季节施工,不得在雨天施工。

②洒油是沥青表面处治路面施工的关键工序,洒布应均匀,无漏洒或洒布过量现象。

③洒油后立即撒布集料。撒料应及时、均匀,全面覆盖、厚度一致,既不重叠也不漏油。对于局部缺油地点应适当补油,石料过多处应扫除补匀。

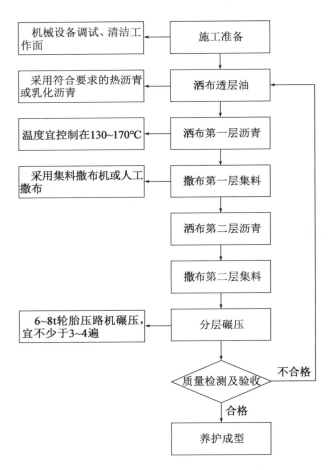

图 4-4 沥青表面处治路面施工工艺流程

4.3.1.3 沥青贯入式路面

(1) 适用范围

沥青贯入式路面适用于经济条件较差的地区，大纵坡、小半径山区路段。基层、底基层材料应根据当地材料就地取材。降雨量丰富地区，基层应采用水稳性较好的石灰工业废渣稳定碎(砾)石或水泥稳定碎(砾)石。沥青贯入式路面如图 4-5 所示。

图 4-5 沥青贯入式路面

(2)施工工艺

沥青贯入式路面施工工艺流程如图4-6所示。

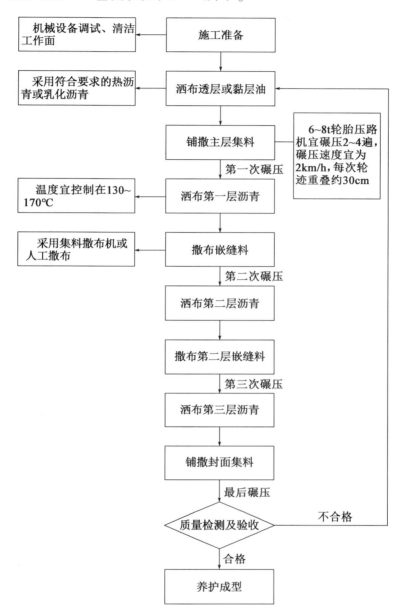

图4-6 沥青贯入式路面施工工艺流程

(3)施工关键点

施工关键点及质量控制与沥青表面处治相同,不同点在于沥青表面处治先洒布沥青后撒布集料,沥青贯入式则先撒布集料后洒布沥青。

4.3.2 水泥混凝土路面

4.3.2.1 适用范围

水泥混凝土路面是一种耐久性较好的路面结构类型,但初期造价相对较高,对经济相对发达、受益人口较多、盛产水泥且通行重车的村内干道,可采用水泥混凝土路面。典型水泥混凝土路面如图 4-7 所示。

图 4-7　典型水泥混凝土路面

4.3.2.2　材料要求

水泥混凝土路面材料要求见表 4-3。

表 4-3　水泥混凝土路面材料要求

材料	一般要求	推荐方案
水泥	采用正规厂家生产的水泥,要附带出厂检验合格证。严禁使用质量不合格水泥。宜筑台存放,高度不低于 30cm,地面铺油毡或采取其他防潮措施,防雨布进行覆盖,防止水泥结块变硬	(1)(主)干道路面:水泥混凝土强度等级不宜低于 C30,推荐采用 P·O 42.5 普通水泥。每立方米混凝土配合比:水泥:河砂:碎石:水 = 296kg:771kg:1156kg:153kg,其中碎石级配组成按照 5~10mm、10~20mm、20~40mm 比例为 2:5:3 进行。 (2)巷道路面:水泥混凝土强度等级不得低于 C25,推荐采用 P·O 32.5 普通水泥。每立方米混凝土配合比:水泥:河砂:碎石:水 = 350kg:775kg:1120kg:180kg,其中碎石级配组成按照 5~10mm、10~20mm、20~40mm 比例为 2:5:3 进行。 (3)路面总厚度原则上不低于 8cm
碎石	应质地坚硬、洁净、耐久、无风化和片状等杂质。碎石最大粒径不宜大于 4cm	
砂	宜采用中粗砂,严禁用风化石料代替砂。严格控制含泥量	
水	宜采用满足人、畜饮用的水	

4.3.2.3　施工工艺

水泥混凝土路面施工如图 4-8 所示,施工工艺流程如图 4-9 所示,各地可根据当地经济、交通量特点自行选用。

4.3.2.4　施工关键点

(1)安装模板前,应根据图纸放样,定出路面中心线和路边线。模板安装要结实、稳固,经得起机械振捣,不变形、不移位。

(2)宜采用集中拌和,机械摊铺振捣。

图 4-8　水泥混凝土路面施工

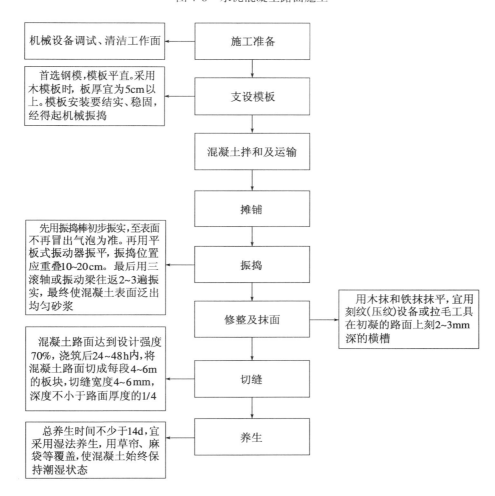

图 4-9　水泥混凝土路面施工工艺流程

（3）采用搅拌机将碎石、中粗砂、水泥和水，按施工配合比充分搅拌均匀，宜分别采用插入式振捣棒、平板式振动器和振动梁振捣，将混凝土振实，提高混凝土的密实度和强度。水泥混凝土路面面层材料设计强度应采用 28d 龄期的弯拉强度，水泥混凝土抗弯拉强度标准值不宜低于 4.0MPa。

（4）拌好的混合料应尽快运送到摊铺现场。自卸车的车厢应清洗干净，并洒水湿润。

运输过程中,要匀速行驶,保持平稳,减少颠簸,防止离析。

(5)摊铺混凝土混合料前,要求垫层或基层平整密实,清扫干净后充分洒水湿透,卸下的混合料要成几个分布均匀的小堆,以便摊铺。如混合料有离析时,就地翻拌均匀后再摊铺,严禁再次加水。

(6)浇筑后的混凝土路面要养生,使路面处于湿润状态,防止混凝土中水分蒸发过快而产生缩裂,保证水泥水化反应过程的顺利进行。

(7)常选用湿法养生,即塑料薄膜养生和喷洒养生剂养生。用塑料薄膜养生时,应在混凝土表面不见浮水、手指压无痕迹时进行覆盖,养生期间保持薄膜的完整。采用覆盖草袋、草帘等养生方式时,应及时洒水,使混凝土表面始终处于潮湿状态。

(8)浇筑后 24~48h 内宜切割缩缝,防止出现随机裂缝。

(9)混凝土路面养生期满后,应及时灌缝,将沥青橡胶类灌缝料灌入缝内。

(10)为便于集水、排水,宜在路面边缘采用砌路缘石或砖块的方法,引导积水宣泄。

(11)混凝土混合料浇筑时的温度不得低于5℃,当气温在0℃以下或混凝土温度低于5℃时,应停止施工。特殊情况下确需施工时,应严格控制工艺,将水加热或将水、碎石和砂同时加热,并选择适量的外掺剂由专业施工队伍实施。

4.3.3 块石路面

4.3.3.1 适用范围

块石路面根据材料性质、形状、尺寸、修琢程度的不同,分为整齐块石(整齐石块和条石)路面(图4-10)、半整齐块石(小条石、弹石)路面(图4-11)、不整齐块石(拳石、片弹街石)路面(图4-12)等。块石路面适用于靠近石材资源、经济条件较差的村庄巷道及部分交通量不大的山区村庄干道。

图 4-10 整齐块石路面

图 4-11 半整齐块石路面

4.3.3.2 材料要求

块石路面要选用无风化、无水锈的石材,砌筑前应冲洗干净,大面朝下。临空面砌体应勾凹缝,勾缝应均匀美观。已完成砌体不得扰动,注意保持路面整洁和填缝饱满。填缝材料以砂土、水泥砂浆、风化料为主,地势较高的路段可采用白灰砂浆或白灰掺红胶泥填缝,水泥可采用普通水泥或矿渣水泥,生石灰应煅烧充分。

图 4-12　不整齐块石路面

4.3.3.3　施工工艺

块石施工分为湿砌法和干砌法,湿砌法劳动效率低,但砌块之间无空隙,砌体稳固性好,防水性好;干砌法砌体稳固性差,但劳动效率高,路面透水,环境友好。块石路面施工如图 4-13 所示,主要施工工艺流程如图 4-14 所示。

图 4-13　块石路面施工

图 4-14 块石路面施工工艺流程

4.3.3.4 施工关键点

(1) 块石砌筑前,应在平整、密实的路基或基层上均匀摊铺一层厚 3~5cm 的砂垫层。砂垫层可用刮板法、耙平法进行摊铺,摊铺后应人工压实、抹平。

(2) 砌筑时先砌筑两边导向石,以控制高程、宽度,保证路面整齐、顺直。纵坡路段应从低处向高处依次砌筑,弯道路段从内侧向外侧依次砌筑。

(3) 砌筑应分段施工,分段长度以 5~10m 为宜。

(4) 石块摆放要保证上面平整、下面稳定。石块大面在上,下面空隙较大的要用小石块支垫牢固。厚度不够的石块可竖放,并嵌挤紧密。

(5) 湿砌法砌筑时块石下面应铺一层厚 8~15mm 的砂浆,摆一块砌一块,石块错缝,不得有通缝,石块之间空隙用水泥砂浆填充,用木棒捅实,较大空隙处用铁锤将小的石头敲实。水泥砂浆填缝后的块石路面,进行洒水或土覆盖保湿养生。湿砌法块石路面如图 4-15 所示。

图 4-15 湿砌法块石路面

(6) 干砌法不坐浆,在平整的垫层上直接砌筑,块石之间要嵌挤紧密,空隙之间用铁锤将小的石块敲实,最后用砂砾或石渣填实。干砌法块石路面如图 4-16 所示。

4.3.4 预制砖路面

4.3.4.1 适用范围

适合路面的预制砖包括普通烧结砖(青、红砖)、普通混凝土路面砖、多孔混凝土路面砖、非烧结垃圾砖、广场砖、植草砖、砌块砖等,可因地制宜利用建筑废弃物、工业废料及建设残余等。预制砖路面适用于交通量不大且缺乏石材的村庄巷道,可根据地域文化特色进行美化设计。

图 4-16　干砌法块石路面

4.3.4.2　材料要求

路面砖外观应整齐,不能有较大的正面脱皮及缺损、缺棱掉角。路面砖应有较高的强度、耐磨度和较低的吸水性,并确保吸水后强度不显著下降;多孔砖材应有较好的透水性。水泥、砂等要求参考水泥混凝土路面相关材料要求。

4.3.4.3　施工工艺

预制砖路面施工工艺流程如图 4-17 所示。

图 4-17　预制砖路面施工工艺流程

4.3.4.4　施工关键点

(1) 宜采取竖铺或立铺方式,交通量极小、经济条件差的村庄可酌情采用横铺方式(图 4-18～图 4-20)。

图 4-18 横铺　　　　　　　　　　　图 4-19 竖铺

图 4-20 立铺

（2）砖路面施工可采用纵向和横向"工"字形、"人"字形等形式（图 4-21、图 4-22）。

图 4-21 "工"字形

图 4-22 "人"字形

(3)砖在摆放时,砖的立面和侧立面与其他砖连接应紧密,尽量减小砖面之间的间隙。摆放时如局部路基不够平整影响砖砌路面的平整度,应用沙土进行调平,并用木锤夯实(图 4-23)。

图 4-23 预制砖路面施工

(4)在路面达到宽度后,应在两侧铺筑边线砖(图 4-24)。边线砖铺筑时,砖与砖之间应密实,边线砖铺砌的横坡、平整度与面层相同。

(5)路面边缘与边线砖、构造物衔接处的三角形空隙,应根据空隙大小用相同规格的砖填实。

(6)砖路面铺筑结束后,在表面均匀铺撒 0.3~0.5cm 的沙土,并将沙土均匀扫到砖缝中。开放交通后,待沙土全部灌到砖的缝隙后,再重新均匀铺撒沙土,继续将沙土扫到砖缝内。

图 4-24　铺筑边线砖

4.3.5　卵石路面

4.3.5.1　适用范围

卵石路面适用于邻水靠海、邻近卵石资源、交通量较小的村庄巷道或者有旅游景观要求的村庄巷道。典型卵石路面如图 4-25 所示。

图 4-25　典型卵石路面

4.3.5.2　材料要求

卵石应表面光洁，石质均匀，不易风化，无裂纹；水泥、砂等要求参考水泥混凝土路面相关材料要求。

4.3.5.3 施工工艺

通常卵石路面铺设有湿铺和干铺两种方式,建议采用湿铺方式以增加路面整体性和防水性。卵石路面施工如图 4-26 所示,其施工工艺流程如图 4-27 所示。

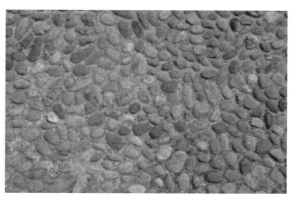

图 4-26 卵石路面施工

图 4-27 卵石路面施工工艺流程

4.3.5.4 施工关键点

(1)干铺时,在平整后的基层上,铺设一层粗砂。在其上层抹一层水泥砂浆(混合比例宜为 7∶1),然后用木板将其压实、整平。

(2)湿铺时,应将卵石 2/3 厚度插入水泥砂浆中,卵石之间距离密,应选择径向较长的一面置于垂直方向,光滑圆润的一面向上。控制石头表面保持在一个水平面。

4.3.6 泥结碎石路面

4.3.6.1 适用范围

泥结碎石路面仅适用于交通量极低、经济条件差、降雨量小的山区村庄巷道,不建议其他地区采用此路面形式。典型泥结碎石路面如图 4-28 所示。

4.3.6.2 材料要求

碎石采用当地的砂岩或灰岩、花岗岩、卵石等满足要求的石料轧制而成,不得含有其他杂物,碎石形状应尽量采用接近立方体并具有棱角的。黏土主要起黏结和填充空隙的作用,不得含腐殖质或其他杂质,黏土用量不宜超过石料干重的 20%。

为增强泥结碎石路面抵抗行车磨耗的能力,保证结构强度,延长使用寿命,在泥结碎石路面上应及时铺筑磨耗层,通常采用砂土磨耗层和石屑磨耗层。其中砂土磨耗层宜采用 1∶1 或 2∶1 的砂与黏土混合料,洒水铺装在泥结碎石层上,在最佳含水率下与面层碾压成一体,厚度为2cm;石屑磨耗层用0.2~1.5cm的石屑与土或加入适量的砂拌和成混合料,洒水铺装在泥结碎石层上,与面层碾压成一体,厚度为2~3cm。

图4-28 典型泥结碎石路面

4.3.6.3 施工工艺

一般宜在0.5mm以下的细料中掺入石灰(建议细料石灰质量比宜为7∶1),以改善其水稳性和提高强度。泥结碎石路面施工工艺流程见图4-29。

图4-29 泥结碎石路面施工工艺流程

4.3.6.4 施工关键点

(1)泥浆的拌制:一般水与土按(0.8~1)∶(1~1)的体积比配制。

(2)预压:用机械碾压或人工夯实,使碎石初步嵌挤稳定为止。

(3)灌浆及带浆碾压:将碎石洒水润湿,泥浆浇灌相当面积后,撒布嵌缝料[(1~1.5)m^3/100m^2],用机械或人工带浆碾压。

(4)终压:碾压1~2遍后撒铺石屑并扫匀,然后碾压,使碎石嵌缝内泥浆能翻到表面上与所撒石屑黏结成整体。

4.3.7 建筑废弃物路面

4.3.7.1 适用范围

随着城市化的发展,基础设施建设、维修、拆除中产生了大量的混凝土块、废砖及渣土等建筑废弃物。交通量低、经济条件差、城市周边或靠近大型基础建设工程易得到建筑废弃物的村庄巷道可采用建筑废弃物路面,条件允许宜优先选择建筑废弃物路面。典型建筑废弃物路面断面如图4-30所示。

图 4-30　典型建筑废弃物路面及断面

4.3.7.2　材料要求

用于路面的建筑废弃物以混凝土块、废砖为主，不能含有生活垃圾、钢筋、草根、石屑等杂质，不能有污染性物质，对于影响压实的超大粒径颗粒需进行破碎。

4.3.7.3　施工工艺

建筑废弃物路面施工工艺流程如图 4-31 所示。

图 4-31　建筑废弃物路面施工工艺流程

4.3.7.4　施工关键点

（1）建筑废弃物内成分复杂，在填筑前应对建筑废弃物填料做适当的处理。拣除其中的塑料袋、木块和钢筋等杂物，对粒径大于 10cm 的超粒径颗粒也应拣除或人工破碎。

（2）建筑废弃物装运时，尽量混合均匀，避免大粒径颗粒集中装运。

（3）填筑采用纵向分段、水平分层、由低向高、逐层施工顺序，摊铺后可适当补水。

（4）碾压采用小型碾压机械或人工夯实机械分层或一次进行，碾压后建筑废弃物的厚度控制在 15~20cm 为宜，碾压后的建筑废弃物应保证平整、密实。

（5）碾压后的建筑废弃物上平铺厚 5cm 级配碎石,碾压 1～2 遍后撒石屑或沙土调平并碾压。

4.3.8 其他

本指南根据山东省内常见的硬化路面形式进行列举,各地可根据各自实际,因地制宜采用多种路面硬化形式,如碳渣、煤渣、固化土等;对于经济发达地区,也可采用沥青路面或水泥混凝土路面。

5 附属设施

5.1 排水设施

5.1.1 主干道两侧宜采用边沟排水。有条件时,宜采用种树、绿化带等隔离措施实现路宅分离。

5.1.2 干道宜采用两侧砌筑边沟的形式排水。

5.1.3 巷道主要利用坡面自然排水,有条件的村庄可采用雨水井、暗沟等形式进行排水。

5.1.4 边沟的断面大小和结构形式,应结合村庄规划、地形、地势和汇水面积大小等情况合理设置。

边沟横断面一般采用梯形或矩形。在土方路段,边沟的深度不应小于40cm;在石方路段,边沟的深度不应小于30cm,宽度为20cm。道路边沟排水如图5-1所示。

图5-1 道路边沟排水

5.1.5 山区村庄,地势起伏较大,能够满足自然排水的村庄道路,且不宜设置排水设施的,宜视具体情况设置防冲刷设施。

5.1.6 对于纵坡大(坡度大于3.5%)的路面,为避免道路水损坏,应充分利用纵坡排水,有条件的村庄在道路两侧或单侧设置边沟或排水沟集中排水。

5.2 绿化设施

5.2.1 根据节省土地、适地适树的原则,在不影响视距和交通安全的前提下可充分利用村庄道路路肩、边坡或路肩两侧土地等区域进行绿化综合设计(图5-2),由村民自主或村镇统一进行道路绿化。

图5-2　绿化综合设计

5.3 警示装置

5.3.1 按照当地公路安全生命防护工程有关要求,在学校、商店等有行车安全隐患的路口或路段,宜设置必要的警示桩、减速带、警告标志、标线等设施(图5-3、图5-4)。

图5-3　路面标线设置　　　　　　图5-4　村内道路减速带

5.3.2 在陡坡、急弯、邻水沿江、傍山险路等危险路段,应设有限速、警示、警告标志等安全设施,并根据实际情况加设相关安全设施(图5-5)。

图 5-5　路面护栏设置

6 养护与修补

6.1 一般规定

6.1.1 养护与修补坚持因地制宜、经济适用、预防为主、节约资源的原则。

6.1.2 村内道路的养护与修补通常分为日常养护和养护工程。日常养护包括日常巡查、日常保养和小修。养护工程包括预防养护工程、修复养护工程和应急养护工程。
（1）日常巡查是为及时发现村内道路及其所属设施损坏、积雪、积水、污染及其他影响正常通行的情况，开展的日常检查工作。
（2）日常保养是对村内道路及其所属设施经常进行清洁、整理等维护保养的作业。
（3）小修是对村内道路及其所属设施的轻微损坏进行的修补。
（4）养护工程是对影响村内道路及其所属设施正常使用的功能性和结构性病害进行的修复。

6.1.3 日常巡查及日常保养推行"群专结合"的方式，推荐以群众性养护为主。小修宜采用"群专结合"的方式。养护工程宜采用专业化养护。

6.1.4 养护和修补应达到路面整洁、路基稳定、通行安全、排水通畅、设施完好等要求。

6.2 日常养护

6.2.1 日常巡查应与日常保养工作同时进行。对特殊路段，应适当加大巡查频率。日常巡查以目测为主，巡查发现的问题要进行处理，并做好记录，记录表见附录B。日常养护人员无法处理的，应及时上报。

6.2.2 日常巡查应包括下列内容：
（1）路面外观的完好情况。路面主要损坏类型见表6-1。
（2）路基的完好情况。主要包括：路基、路肩、边坡、挡土墙等。路基的主要损坏类型包括：翻浆、沉陷、空洞、塌陷、滑移等。

(3)附属设施的完好情况。主要包括:路灯、标志牌、声屏障、分隔带、护栏、隔离墩、涵洞、边沟、排水沟、截水沟、检查井、雨水口等。

(4)道路范围内的施工作业对道路设施的影响。

(5)道路积水及其他不正常损坏现象。

表 6-1 路面主要损坏类型

路 面 类 型	主要损坏类型
沥青路面	裂缝、波浪或拥包、车辙、沉陷、翻浆、剥落、坑槽、唧浆、泛油、破损
水泥混凝土路面	裂缝、板角断裂、松散、剥落、坑洞、接缝料损坏、错台、拱胀、唧泥、沉陷、板块松动、破损
块石路面、预制砖路面、卵石路面、泥结碎石路面、建筑废弃物路面等	裂缝、沉陷、松动或变形、破损

6.2.3 采用群众性养护实施小修的,应对相关人员进行岗前教育。岗前教育的主要目的,一方面是指导养护作业人员按要求完成养护作业,另一方面是提高养护作业人员的安全风险意识,保障作业安全。

6.3 养护工程

6.3.1 养护工程宜参照现行《农村公路养护技术规范》(JTG/T 5190)执行。

6.3.2 必要时推荐组织开展现场技术状况评定,位于县道、乡道或村道上的主干道养护工程及现场技术状况评定可以伴随着农村公路养护计划同时进行。宜参照现行《公路技术状况评定标准》(JTG 5210)执行。技术状况评定建议由相关专业养护单位负责处置。

6.4 路基养护与修补

6.4.1 一般规定

6.4.1.1 路基养护应包括路肩、排水设施和涵洞的养护,山区地区还包括边坡、防护及支挡结构。

6.4.1.2 路基养护应符合下列规定:
(1)应加强日常巡查,发现病害及时处治,确保路基完好稳定;
(2)路肩应与路面衔接平顺,横坡适度、边缘顺适、表面平整;
(3)边坡应保持坡面平顺,无冲沟;

（4）排水设施应无堵塞、无损坏，排水畅通；
（5）挡土墙等附属设施应完好，无损坏。

6.4.1.3 雨季、汛期应加大路基日常巡查频率，查看路基是否出现沉陷、裂缝、滑移等情况，必要时及时报告。

6.4.1.4 发现影响交通安全的，应设置临时性警示设施。

6.4.2 路肩

6.4.2.1 路肩日常巡查包括查看路肩是否缺损，是否存在杂物，与路面衔接是否平顺等。

6.4.2.2 路肩日常保养包括清理路肩杂物、修剪草皮和修整路肩等。应通过日常保养保持路肩整洁。

6.4.2.3 路肩上除堆料台外，禁止堆放垃圾、碎石、杂物等，发现时应及时清理。严禁在桥头引道、弯道内侧和陡坡等处设置堆料台。

6.4.2.4 路肩小修包括调整横坡，处理缺口、坑洞、沉陷、隆起等病害。应通过小修保持路肩平整，与路面衔接平顺。

6.4.2.5 硬路肩出现裂缝、坑槽、脱空等病害时，可按照相同类型路面病害的处治方法进行修复。

6.4.3 边坡

6.4.3.1 边坡日常巡查包括查看坡面是否存在冲刷，坡体是否出现松动、剥落、滑移和坍塌等。

6.4.3.2 边坡养护应符合下列规定：
（1）边坡出现冲沟、缺口、沉陷及塌落时应进行整修；
（2）路堑边坡出现冲沟、裂缝时，应及时填塞捣实；
（3）应通过小修保持坡面顺适坚实，坡脚稳固。

6.4.3.3 边坡防护与加固应符合下列规定：
（1）边坡防护可分为植被防护和坡面治理两类，可组合使用；
（2）对植物易生长的边坡，可采用种草、铺草皮及植树等植被防护措施；

(3）对陡边坡和风化严重的岩石边坡可采用抹面、喷浆、勾缝、灌浆或石砌护坡等坡面处理方法。

6.4.3.4 边坡经加固后形成的护坡，应加强养护与检查，发现损坏应及时修理。

6.4.4 防护及支挡结构

6.4.4.1 日常巡查包括查看圬工是否存在局部破损，勾缝是否脱落，泄水孔是否淤塞，是否存在倾斜、滑移、下沉、变形，基础是否存在冲刷等内容。

6.4.4.2 日常保养包括清理沉降缝和伸缩缝内的杂物，疏通泄水孔，清理杂物、碎石等内容。应通过日常保养保持排水顺畅，表面整洁。

6.4.4.3 小修包括修复表面破损、基础冲刷，勾缝，抹面等内容。应通过小修保持表面完好，基础牢固。

6.4.4.4 修复养护包括修复和加固挡土墙、护坡等。应通过修复养护保持结构完好、稳定。

6.5 路面养护与修补

6.5.1 一般规定

6.5.1.1 加强路面的日常养护，及时修复病害。

6.5.1.2 路面养护应符合下列要求：
（1）应保持路面清洁、完好。
（2）沥青路面应平整，水泥混凝土路面应表面平顺，泥结碎石路面、建筑废弃物路面应平整坚实，砖块路面应无缺损，路面排水良好。
（3）路缘石（如有）应整齐顺适。

6.5.1.3 路面养护应重视排水，及时修补路面的裂缝、坑洞等，防止地表水下渗。路面应保持横坡适度。

6.5.1.4 日常巡查包括查看路面病害类型、严重程度及规模，路面是否存在有碍通行安全的障碍物，路缘石是否缺损、倾斜等内容。发现问题时，应记录并处理。

6.5.1.5 日常保养包括清理路面上的积土、积沙、泥污、积雪、积冰等。应通过日常保养保持路面整洁。

6.5.2 沥青路面

6.5.2.1 小修包括处治路面的裂缝、坑槽、车辙、沉陷、波浪、拥包、松散、翻浆和泛油等病害。应通过小修保持路面的平整、完好。

6.5.2.2 裂缝的修补应符合下列要求：

（1）裂缝宽度不大于 6mm 时，可采用专用灌缝（封缝）材料或热沥青灌缝，缝内潮湿时应采用乳化沥青灌缝，填入干净石屑或粗砂，并捣实。

（2）裂缝宽度大于 6mm 时，用热拌沥青混合料填入缝中，并捣实。有条件的路段可采取专用灌缝设备和高性能的路面灌缝胶开槽灌缝。灌缝应密实，边缘整齐，表面光洁。沥青路面裂缝如图 6-1～图 6-4 所示。裂缝修补施工前、后对比如图 6-5 所示。

图 6-1　横向裂缝

图 6-2　纵向裂缝

图 6-3　龟裂

图 6-4　网状裂缝

图 6-5　裂缝修补施工前、后对比

6.5.2.3 坑槽的修补应符合下列要求：

（1）宜按"圆洞方补、斜洞正补"的原则，如坑槽深度已达基层，应先处治基层，再修复面层；

（2）修补的坑槽应顺路方向切割成正方形或长方形，宜沿坑槽四周向外扩大 100～150mm 的方形范围，画出所需修补坑槽的轮廓线，开凿至坑底稳定部分，坑槽四壁不得松动，加热坑槽四壁，涂刷黏层油或沥青，铺筑混合料，压实成型，封缝，开放交通；

（3）在应急情况下，可采用沥青冷补材料处治；

（4）当采用就地热再生修补方法时，应先沿加热边线退回 100mm，翻松被加热面层，喷洒乳化沥青，加入新的沥青混合料，整平压实。沥青路面坑槽如图 6-6 所示。

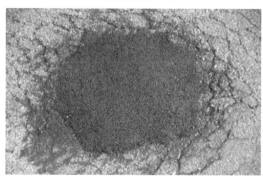

图 6-6　沥青路面坑槽

6.5.2.4 车辙的修补应符合下列要求：

（1）当车辙深度在15mm以上时，可采用铣刨机清除；

（2）当联结层损坏时，应将损坏部位全部挖除，重新修补；

（3）因基层局部下沉而造成的车辙，应先修补基层；

（4）将车辙凸出部分削除，在凹陷部分喷洒黏层沥青，填补沥青混合料并找平、压实，保持路面平整。

沥青路面车辙如图6-7所示。

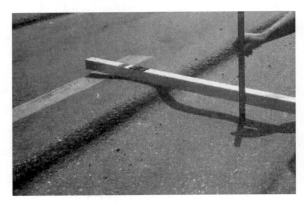 

图6-7　沥青路面车辙

6.5.2.5 沉陷的修补应符合下列要求：

（1）路面出现深度不大于2.5cm的局部下沉时，可在沉陷部分喷洒黏层沥青，填补沥青混合料，找平并压实。

（2）路面出现深度大于2.5cm的较大面积下沉时，应将下沉部分开挖至稳定结构层，按原路面结构重新填筑，无凸起凹陷。沥青路面沉陷如图6-8所示。

图6-8　沥青路面沉陷

6.5.2.6 波浪、拥包的修补应符合下列要求：

（1）当路面仅有轻微波浪、拥包时，可在波谷部分喷洒黏层沥青，并匀撒适当粒径的矿料，找平后压实。

（2）当波浪、拥包起伏较大时，应顺行车方向将凸出部分削平，并低于路表面约

10mm,喷洒黏层沥青,并匀撒一层粒径不大于10mm的矿料,找平后压实。沥青路面波浪、拥包如图6-9所示。

 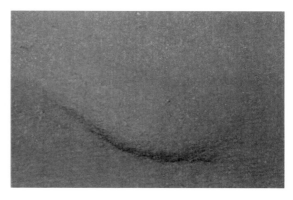

图6-9 沥青路面波浪、拥包

6.5.2.7 松散的修补应先将路面松动矿料清除,喷洒沥青后,再匀撒石屑或粗砂,并找平压实。沥青路面松散如图6-10所示。

图6-10 沥青路面松散

6.5.2.8 翻浆的修补应将翻浆部分挖除,对路基、基层进行处理后,分层填补沥青混合料,并找平压实,应与原路面保持平整,填补密实。沥青路面翻浆如图6-11所示。

图6-11 沥青路面翻浆

6.5.2.9 泛油的修补应符合下列要求：

（1）对轻微泛油路段，可匀撒 3～5mm 粒径的石屑或粗砂，并找平压实。

（2）对严重泛油路段，可先匀撒 5～10mm 粒径的碎石，压实后，再匀撒 3～5mm 粒径的石屑或粗砂，并找平压实。

（3）泛油路段，也可将面层铣刨清除后，重铺面层。沥青路面泛油如图 6-12 所示。

图 6-12　沥青路面泛油

6.5.2.10　沥青路面预防养护包括采用稀浆封层、碎石封层、微表处、纤维封层等技术对路面病害进行处理。

6.5.2.11　沥青路面修复养护包括铣刨、挖除、加铺基层和面层等，质量要求宜参照现行《公路沥青路面养护技术规范》（JTG 5142）执行。

6.5.3　水泥混凝土路面

6.5.3.1　小修包括处治路面的接缝材料损坏、裂缝、坑洞、板角破碎、拱起、错台、面板脱空、唧浆、面板沉陷等病害。应通过小修保持水泥混凝土路面的完好、坚实。

6.5.3.2　接缝材料损坏的修补应符合下列要求：

（1）应及时清除嵌入接缝内的砂石及其他坚硬杂物。

（2）当填缝料出现脱落、老化时，应及时进行更换。

（3）填缝料应选用黏结力强、弹性好、不渗水、经济耐用、施工方便的材料。

（4）当纵向接缝张开宽度在 10mm 及以下时，宜采用加热式填缝料；当纵向接缝张开宽度在 10mm 以上时，宜采用聚氨酯类填缝料常温施工。水泥混凝土路面接缝材料损坏如图 6-13 所示。

6.5.3.3　裂缝的修补应符合下列要求：

（1）当裂缝宽度小于 3mm 时，边缘无碎裂现象，可直接灌注热沥青或填缝料等；

(2)当裂缝宽度大于等于 3mm 时,应先清除缝隙中的泥土、杂物,填入 3~6mm 粒径的清洁石屑,再灌入热沥青或填缝料。水泥混凝土路面裂缝如图 6-14、图 6-15 所示。

图 6-13　水泥混凝土路面接缝材料损坏

图 6-14　水泥混凝土路面纵向裂缝、横向裂缝

图 6-15　水泥混凝土路面网状裂缝

6.5.3.4　坑洞的修补应符合下列要求:

(1)对深度小于 30mm 较浅的坑洞,应清除洞内的杂物,用水泥砂浆或细石混凝土填实,保持表面平整。

(2)对深度大于或等于 30mm 较大面积的坑洞,应沿修补区顺路方向画出轮廓线,清除混凝土和杂物碎屑,用适量的水润湿,涂刷水泥浆,用水泥混凝土填补压平,达到平整密实。水泥混凝土路面坑洞如图 6-16 所示。

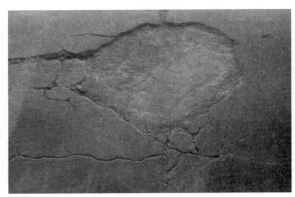

图 6-16 水泥混凝土路面坑洞

6.5.3.5 当出现轻微板边、板角碎裂时,可用沥青混合料或接缝材料修补平整;严重的板边、板角碎裂,可采取部分或全部凿除后修补。水泥混凝土路面板角断裂如图 6-17 所示。

图 6-17 水泥混凝土路面板角断裂

6.5.3.6 拱起的修补应符合下列要求:

(1)板端拱起但路面完好时,应先切开拱起端,将板块恢复原位,在缝隙和其他接缝内进行清缝,并灌填缝料。填缝料应密实、饱满。

(2)板端发生破损或断裂时,应切割、凿除断裂或损坏部分,用水泥混凝土或冷补料等材料修补,应与原路面保持平整。水泥混凝土路面拱起如图 6-18 所示。

6.5.3.7 错台的修补应符合下列要求:

(1)当错台高差大于 5mm 时,应及时处治;

(2)当错台高差大于 20mm 时,应采用适当材料修补,且接顺的坡度不得大于 1%。水泥混凝土路面错台如图 6-19 所示。

图 6-18　水泥混凝土路面拱起

图 6-19　水泥混凝土路面错台

6.5.3.8　面板脱空、唧浆的修补应符合下列要求：

（1）采用注浆方法时应通过试验确定注浆压力、初凝时间、注浆流量、浆液扩散半径等参数；

（2）注浆孔与面板边的距离不应小于0.5m，注浆孔的数量在一块板上宜为3~5个；

（3）注浆孔的直径应与灌注嘴直径一致，宜为70~110mm；

（4）注浆作业应从脱空量大的地方开始；

（5）注浆应自上而下进行灌浆，第一次注浆结束2h后再进行第二次重复注浆；

（6）注浆后残留在路面的灰浆应及时清扫、清除；

（7）应待灰浆强度达到设计强度后再开放交通。水泥混凝土路面面板脱空、唧浆如图6-20所示。

6.5.3.9　面板沉陷的修补应符合下列要求：

（1）当面板整板的沉陷小于或等于20mm，或者面积较小且积水不严重时，应采用适当材料修补；

（2）当面板整板的沉陷大于20mm或面板整板发生碎裂面积较大时，应对整块面板进行翻修。水泥混凝土路面面板沉陷如图6-21所示。

图 6-20 水泥混凝土路面面板脱空、唧浆

图 6-21 水泥混凝土路面面板沉陷

6.5.3.10 水泥混凝土路面预防养护包括板底灌(注)浆、更换填缝料等内容。质量要求宜参照现行《公路水泥混凝土路面养护技术规范》(JTJ 073.1)执行。

6.5.3.11 水泥混凝土路面修复养护包括破碎和修复旧路面,挖除和加铺基层、面层等内容。质量要求宜参照现行《公路水泥混凝土路面养护技术规范》(JTJ 073.1)执行。

6.5.4 块石路面

6.5.4.1 块石路面小修包括修复接缝,处置错台、沉陷、隆起等内容。

6.5.4.2 块石路面的接缝修复应符合下列要求:
(1)用水泥砂浆灌缝的填缝料发生破碎时,应及时剔除后重新灌注,坐浆饱满、密实,待砂浆达到一定强度后再开放交通。

（2）用砂、砂砾、煤渣等松散料填缝时，应及时将飞散的填缝料扫回捣实或适当填补，使砌块间的缝隙经常充满填缝料，防止砌块松动。

6.5.4.3 个别块石发生错台、沉陷、隆起、破损时，应将块石取出，整理垫层，夯捣坚实，将重铺块石埋放于垫层上，高出原砌块 1～3cm，撒填缝料，并加以压实，使新块石与旧路面平整。

6.5.4.4 较大面积的错台、沉陷、隆起，应将块石挖出，并按尺寸分类、清洗，破损的应更换；污染的垫层应挖除更换，将块石埋放于垫层上，高出原路面 1～3cm，撒填缝料，并加以压实，使新块石与旧路面平整。

6.5.4.5 块石路面修复养护包括重铺、加铺路面等。质量要求参照现行《公路养护技术规范》（JTG H10）执行。

6.5.5 其他路面（预制砖路面、卵石路面、泥结碎石路面、建筑废弃物路面等）

6.5.5.1 路面小修包括修复路面剥落、松散、沉陷、损坏等病害，维护保护层、磨耗层等。应通过小修保持路面平整坚实。

6.5.5.2 松散保护层应加强经常性的添砂、扫砂和匀砂工作。稳定保护层可采用洒水法、加浆法等进行养护。

6.5.5.3 当磨耗层高低不平时，应铲除凸出部分，并用同样的润湿混合料补平低凹部分，碾压密实。

6.5.5.4 路面坑槽和车辙的修补应符合下列要求：
（1）当坑槽和车辙深度小于 3cm 时，应先将坑槽和车辙内及其周围的尘土杂物清除，洒水润湿，再用与原路面相同的材料填补并碾压密实。
（2）当坑槽和车辙深度不小于 3cm 时，应按"圆洞方补"的原则，沿修补区画出轮廓，沿轮廓垂直挖槽，挖槽深度应不小于坑槽和车辙最大深度，填入与原路面相同的材料后碾压密实。

6.5.5.5 路面出现松散时，应将保护层和松动的材料扫集堆起后，整平路面表层，洒水润湿，把扫集的材料筛分后加入新的同种材料进行摊铺压实。

6.5.5.6 路面修复养护包括铺筑磨耗层、保护层，加厚路面等。应通过修复养护保持砂石路面结构稳定、坚实。

6.5.6 其他

各地可根据当地实际,结合经济状况、地材储备等,因地制宜采用路面其他养护和修补形式。

附录 A 村内道路硬化工程自然区域划分

A.1 按照山东省公路岩土区划划分

根据山东省公路岩土区划图,分为一级和二级两级分区,一级分区主要分为 SⅠ鲁北、鲁西南平原岩土区和 SⅡ鲁中南、鲁东中低山丘陵岩土区,其中 SⅠ又分为 S$Ⅰ_1$ 粉土亚区、S$Ⅰ_2$ 黏性土亚区和 S$Ⅰ_3$ 盐渍土亚区,SⅡ又分为 S$Ⅱ_1$ 硬质岩石亚区和 S$Ⅱ_2$ 软质岩石亚区。按照各区岩土属性及工程特性提出不同的村内道路硬化建议,详见表 A-1。

A.2 按照山东省公路水文区划划分

根据山东省公路水文区划图,分为一级和二级两级分区,一级分区主要分为 SⅠ鲁西北海河流域、鲁西南湖西水系区坡水性河流水文区和 SⅡ鲁中大汶河水系区、鲁中南淮河流域、鲁东沿海诸河流域山地性河流水文区,其中 SⅡ又分为 S$Ⅱ_1$ 强径流亚区、S$Ⅱ_2$ 弱径流亚区、S$Ⅱ_3$ 中径流亚区、S$Ⅱ_4$ 强径流亚区和 S$Ⅱ_5$ 弱径流亚区。按照各区水文特性提出不同的村内道路硬化建议,详见表 A-2。

A.3 其他

各地区农村村内道路硬化路面形式,可根据本地实际岩土、水文、气候等特征,结合当地经济条件因地制宜合理选择,不局限于本指南推荐的硬化路面方案。

表 A-1 按照山东省公路岩土区划给出的村内道路硬化建议

一级分区		二级分区		工程特性及村内道路硬化建议
名称	属性	名称	属性	
SⅠ 鲁北、鲁西南平原岩土区	岩土类型以第四系砂、砂砾、黏土岩为主	粉土亚区 SⅠ₁	土质类型以粉土为主	土体类型主要为粉土，区域内粉粒含量高，粒径单一，黏土颗粒含量极小，级配差，塑性指数低，水稳定性差。在这些地区建造道路时，工程投资较大，同时路基压实困难，路面及路面结构病害频发，翻浆病害，路面开裂，需从其他地方调用，工程投资较高，采取费用高。在本区进行村内道路硬化时路基应充分夯实并进行适当的固化处理。已修建的道路基层建议选用各种类型的无机结合料稳定细粒土，并充分利用建筑废弃物和废旧路面材料，尝试利用固化土；巷道硬化建议采用水泥混凝土路面或各种预制砖路面，加强排水，防止积水
		黏性土亚区 SⅠ₂	土质类型以黏性土为主	土体类型主要为黏性土，多为黏性土单层结构，岩性以粉质黏土、黏土为主，工程性质较差，强度指数较低，特别是平原区；区域内岩土复杂度指数低，黏土复杂程度比较严重，矿山塌陷及地震灾害活跃。在本区进行村内道路硬化时应路用材料缺乏。路基、路面结构用材料较为活跃。本区内筑路时，路基路面材料可利用率低，需从其他地方调用，工程投资较大。在此区进行村内道路硬化时路基应充分利用建筑废弃物和废旧路基材料，采用三合土、石灰粉煤灰稳定土等无机结合料稳定土，巷道硬化建议采用水泥混凝土路面或预制砖路面，地质灾害易发区注意防护工程的建设
		盐渍土亚区 SⅠ₃	土质类型以盐渍土为主	主要分布在鲁东滨海地区黄河三角洲，盐化类型以氯化物型和氯化物硫酸盐型为主。干燥状态下，具有较高强度；浸水后，盐类易溶解，土层强度较低，压缩性增大，影响建筑物稳定性。一般对金属管道和混凝土具有侵蚀作用。在此区进行村内道路硬化时应防范盐渍土地基不均匀变形，选择路面结构时也应考虑盐渍土对路面材料的侵蚀作用，采用水泥混凝土路面进行硬化时可采取添加粉煤灰或外加剂，增加保护层厚度等方式
SⅡ 鲁中南、鲁东中低山丘陵岩土区	岩土类型主要包括除奥陶系上统、志留系、泥盆系、石炭系上统和下统、三叠系等地层之外的花岗岩、闪长岩、辉长岩、大理岩、石英岩等	硬质岩石亚区 SⅡ₁	岩石饱和单轴抗压强度≥30MPa	在本区修筑道路时，路基、路面及路面结构材料可利用率高。各类边坡灾害较少。但由于岩石硬度高，以石为主，边坡开挖难度较大，工程投资较大。在此区进行村内道路硬化时可充分因地制宜利用当地石材，基层可选用级配碎石、泥结碎石、泥灰碎石，石材丰富的村庄建议使用各种类型块石路面，石材富的庄建议使用各种类型干砌块石路面；干道路也可选用块石铺装进行巷道硬化
		软质岩石亚区 SⅡ₂	岩石饱和单轴抗压强度<30MPa	软质岩石分布区域内岩石材料可利用率低，边灾害主要有崩塌、滑坡，防护等级及强度要求较高。各类边坡对路基石路面工程不能满足道路工程的需求，而且道路填石路基材料取用较为不便；边坡灾害主要有崩塌、滑坡，防护等级及强度要求较高。在此区进行村内道路硬化时应尽量利用当地石材资源；加强对邻路坡陡隧道的防护

表 A-2 按照公路水文区划给出的村内道路硬化建议

一级分区		二级分区		工程特性及村内道路硬化建议
名称	属性	名称	属性	
SⅠ 鲁西北海河流域、鲁西南湖西水系区坡水性河流水文区	水系流域包括海河流域和湖西水系区,属于分布于鲁西北平原地区的坡水性河流水系	SⅠ₁ 中径流亚区	坡面径流强度 0.32~0.45	本区位于山东省鲁西北平原区,地形坡度较小,植被覆盖率较高,整体坡面径流强度中。在此区进行村内道路硬化时应做好道路排水设施,防止暴雨期水毁破坏,重视路基病害的防治,避免植被破坏和水土流失,同时注意生态环境的保护
SⅡ 鲁中大汶河水系区、鲁中南淮河流域、鲁东沿海诸河流域山地性河流水文区	水系流域包括黄河流域的大汶河水系区,淮河流域的湖东水系区、沂沭河水系区以及沿海诸河流域的小清河、潍河、白浪河、胶莱河、大沽河水系区和半岛诸小河水系区,属于鲁中南诸丘陵山区和胶东半岛地区的山地性河流水系	SⅡ₁ 强径流亚区	坡面径流强度 >0.45	本区位于鲁中山地的泰山、沂山、蒙山、鲁山地区,本区的全年日(24h)平均降雨量大于25mm日数指标平均可达850~900mm,本区山地地形坡度大,植被覆盖率较低,区内坡面径流强度强。在此区进行村内道路硬化时应加强路边坡防护,提高排水设计标准,完善路基排水设施,重视道路水毁的防治,特别是对短历时强降雨造成道路灾害
		SⅡ₂ 弱径流亚区	坡面径流强度 <0.32	本区位于鲁中南地区,岩土类型以粉土为主,地形平坦,植被覆盖率较高,全区坡面径流强度中。在此区进行村内道路硬化时注意保护生态环境,避免水土流失,重视路基病害的防治,同时加强坡边坡防护
		SⅡ₃ 中径流亚区	坡面径流强度 0.32~0.45	本区位于山东省鲁中北地区,坡面径流强度中,径流主要是由夏季暴雨形成,部分地区受暴雨影响较大,容易形成强径流。在此区进行村内道路硬化时应做好道路排水设施,防止暴雨期水毁破坏。道路自然灾害多发,应重视降雨以及由降雨引发的各种自然灾害对道路的影响
		SⅡ₄ 强径流亚区	坡面径流强度 >0.45	本区位于山东省鲁东地区,岩土类型以岩石为主,本区的全年日(24h)平均降雨量大于25mm日数指标,全区坡面径流强度大。地形坡度较大,岩土类型以岩石为主,植被覆盖率较高,大部分地区坡面径流强度较强。在此区进行村内道路硬化时应提高排水设计标准,完善路基排水系统,注意防治路基边坡冲刷,做好边坡绿化,加强路基边坡防护
		SⅡ₅ 弱径流亚区	坡面径流强度 <0.32	本区位于山东省鲁东低山丘陵区,由于岩土类型以硬质岩石为主,植被覆盖率较高,大部分地区坡面径流强度较弱。在此区进行村内道路硬化时应加强植被保护,避免植被破坏和水土流失,重视路面径流强度,同时加强路基边坡防治

注:坡面径流强度反映在不同径流量、流速及下垫面等相关因素影响下,径流对坡面物质冲刷能力的大小,无量纲。通常以坡面径流强度指标表征坡面径流强度的大小,根据坡面径流强度指标的区域特性,按坡面径流强度指标一般分为弱、中、强、极强 4 级。

附录 B 日常巡查/养护记录表

日常巡查/养护记录表见表 B-1。

表 B-1 日常巡查/养护记录表

路线(桩号区间)：　　　　　日期：　　　　天气：　　　　记录人：

类型			病害及处理结果
路基	路肩	土路肩 □ 硬路肩 □ 草皮路肩□ 其他	杂物堆积　□___处 已处理___处 未处理□ 上报□ 缺损　　　□___处 已处理___处 未处理□ 上报□ 裂缝　　　□___处 已处理___处 未处理□ 上报□ 坑洞　　　□___处 已处理___处 未处理□ 上报□ 其他　　　□___处 已处理___处 未处理□ 上报□
	边坡		坡面冲刷　□___处 已处理___处 未处理□ 上报□ 坡体松动　□___处 已处理___处 未处理□ 上报□ 坡体剥落　□___处 已处理___处 未处理□ 上报□ 坡体滑移　□___处 已处理___处 未处理□ 上报□ 坡体坍塌　□___处 已处理___处 未处理□ 上报□ 其他　　　□___处 已处理___处 未处理□ 上报□
	排水设施	排水沟□ 边沟　□ 急流槽□ 拦水带□ 其他	沟壁损坏　□___处 已处理___处 未处理□ 上报□ 沟底冲刷　□___处 已处理___处 未处理□ 上报□ 盖板断裂　□___处 已处理___处 未处理□ 上报□ 淤塞　　　□___处 已处理___处 未处理□ 上报□ 其他　　　□___处 已处理___处 未处理□ 上报□
	防护及支挡结构		勾缝脱落　　□___处 已处理___处 未处理□ 上报□ 结构体破损　□___处 已处理___处 未处理□ 上报□ 结构体开裂　□___处 已处理___处 未处理□ 上报□ 泄水孔淤塞　□___处 已处理___处 未处理□ 上报□ 结构体倾斜滑移□___处 已处理___处 未处理□ 上报□ 结构体下沉变形□___处 已处理___处 未处理□ 上报□ 其他　　　　□___处 已处理___处 未处理□ 上报□
	涵洞		淤塞　　　　□___处 已处理___处 未处理□ 上报□ 结构体开裂　□___处 已处理___处 未处理□ 上报□ 铺砌冲刷脱落□___处 已处理___处 未处理□ 上报□ 其他　　　　□___处 已处理___处 未处理□ 上报□

续上表

类型		病害及处理结果	
路面	沥青路面 □ 水泥混凝土路面 □ 砂石路面 □ 块石路面 □	路面不洁 坑槽 裂缝 沉陷 波浪、拥包 泛油 松散 翻浆 车辙 坑洞 板角破损 拱起 错台 接缝料损坏 其他	□___处 已处理___处 未处理□ 上报□ □___处 已处理___处 未处理□ 上报□ □___处 已处理___处 未处理□ 上报□ □___处 已处理___处 未处理□ 上报□ □___处 已处理___处 未处理□ 上报□ □___处 已处理___处 未处理□ 上报□ □___处 已处理___处 未处理□ 上报□ □___处 已处理___处 未处理□ 上报□ □___处 已处理___处 未处理□ 上报□ □___处 已处理___处 未处理□ 上报□ □___处 已处理___处 未处理□ 上报□ □___处 已处理___处 未处理□ 上报□ □___处 已处理___处 未处理□ 上报□ □___处 已处理___处 未处理□ 上报□ □___处 已处理___处 未处理□ 上报□
	路缘石	倾斜 缺损 其他	□___处 已处理___处 未处理□ 上报□ □___处 已处理___处 未处理□ 上报□ □___处 已处理___处 未处理□ 上报□
桥梁	名称 位置	伸缩缝堵塞、损坏 泄水孔堵塞、损坏 栏杆损坏、缺失 桥面破损 河道淤塞 其他	□___处 已处理___处 未处理□ 上报□ □___处 已处理___处 未处理□ 上报□ □___处 已处理___处 未处理□ 上报□ □___处 已处理___处 未处理□ 上报□ □___处 已处理___处 未处理□ 上报□ □___处 已处理___处 未处理□ 上报□
交通安全设施	标志	缺失 污损 遮挡 其他	□___处 已处理___处 未处理□ 上报□ □___处 已处理___处 未处理□ 上报□ □___处 已处理___处 未处理□ 上报□ □___处 已处理___处 未处理□ 上报□
	标线	缺失 污损 其他	□___处 已处理___处 未处理□ 上报□ □___处 已处理___处 未处理□ 上报□ □___处 已处理___处 未处理□ 上报□
	护栏	缺失 变形 其他	□___处 已处理___处 未处理□ 上报□ □___处 已处理___处 未处理□ 上报□ □___处 已处理___处 未处理□ 上报□
	警示墩（桩）	缺失 污损 遮挡 其他	□___处 已处理___处 未处理□ 上报□ □___处 已处理___处 未处理□ 上报□ □___处 已处理___处 未处理□ 上报□ □___处 已处理___处 未处理□ 上报□

续上表

类　　型		病害及处理结果
交通安全设施	限高限宽架	损坏　　□____处 已处理____处 未处理□ 上报□ 变形　　□____处 已处理____处 未处理□ 上报□ 其他　　□____处 已处理____处 未处理□ 上报□
	其他	□____处 已处理____处 未处理□ 上报□
绿化		缺株、死株　□____处 已处理____处 未处理□ 上报□ 其他　　　　□____处 已处理____处 未处理□ 上报□
突发性事件处置		事件描述 处置方式

说明：可根据实际管养情况，适当增减相应内容。